比留間榮子——著
都雪——譯

時間是良藥

時間はくすり

屬於你的美好，從來不會遲到，
百歲藥師從容過生活的暖心處方

高寶書版集團

天谷医院
板橋診療所
LIFE CARE PORT
Hiruma
PHARMACY
あなたの心のよりどころ
ヒルマ薬局

「感謝之類的話語，就不用特地對我說了，
我，不過是一名藥師罷了。」

帶著平淡純真的第一句話，
身穿白衣的藥師以緩慢的步伐現身。
在東京下町的某個角落，
與一九二三年創立的藥局同齡的藥師奶奶。
她，就是比留間榮子。

無論颱風或下雨，還是酷暑或嚴寒，
每天站在藥局裡，歷經七十五年歲月。
她輕聲的關懷以及溫柔緊貼的手，
讓她成為備受當地人好評的藥師。

「光是見到榮子藥師，我就會變得有精神。」
「每次我來她都會和我握手，傳遞力量給我。」

這樣的她，

總會輕輕地將「話語良藥」連同藥品，一起親手交到客人手上。

她既沒有權威頭銜，也沒有名譽勳章，

不過這樣的「話語良藥」，

是她經年累月下來，全心全意為眼前的客人設身處地調配，

讓人無論在面對自己或是他人時，都能更溫柔一點的處方箋。

第一章　好奇心是良藥

目錄
Contents

第二章　堅持是良藥

第三章　溫暖是良藥

目　錄
Contents

第四章　時間是良藥

中文版序言

全神貫注

回過神來，我的人生已經過了一百年。我不過是全神貫注地度過每一天，讓我這樣的人來談論些什麼大道理，實在不敢當。

老實說，我以為自己的餘生會過著恬淡閒適的生活，從沒想過自己竟然能夠出書。

在我接到這宛如夢境般的邀約時，我感到十分驚訝。

「沒有什麼偉大作為的我，能夠向大家傳達什麼呢？」害臊與恐懼在我心中交錯。

不過，我認為有必要創造能夠堅持把事情做好的社會以及和平的社會，因此我拿出勇氣，試著踏出一步。

這是我九十五歲的初次挑戰。儘管我只是順其自然，並不清楚所有細節，但是能夠獲得這麼多人的支持，我十分高興，也十分感謝。

我想和年輕人們一同歌頌藥師人生。日本已經進入了百歲時代，我想要快樂地享受當下，全神貫注地過完這一生。

我在大約十年前曾和孫子們一同去台灣旅遊，望著當時的照片，我感到十分懷念。我造訪了故宮博物館、中正紀念堂、九份等景點，認識了每個地方的歷史，並去想像當時的情景。

台灣人對待我的態度也非常溫暖，能與台灣的各位以這樣的形式有交集，我感到非常高興。祝大家的日常充滿毫無戰爭的幸福。

你的心靈依靠 Life Care Port

二〇一八年十一月二十三日

全球最高齡藥師　九十五歲十七日　認證

比留間榮子

比留間康二郎

第一章

好奇心是良藥

1 歡迎來到名為藥局的「山頂茶屋」

比留間藥局坐落於東京都板橋區志村板上車站附近的某個街角。

藥局的門口，總是掛著暖簾。

「藥局怎麼會掛暖簾？」或許有人會產生這樣的疑問。

「也許藥局可以不只是提供藥品的地方。」但是，長年站在店裡的我，不知不覺中萌生了這樣的想法。

從以前到現在，甚至是接下來的日子，我都會以「藥局也能這樣就太好了」這種「藥局的理想模樣」為目標向前邁進。

所謂藥局的理想模樣，就是除了握有處方箋的客人，路過這裡的任何人都能踏進來休息的場所。簡單來說，我希望藥局能夠成為如同山林中會有的「山頂茶屋」般的場所。

人生，是一步一腳印緩緩前進的長途旅行。

在這樣的旅途中，如果有一個療癒疲憊的心、讓人恢復活力，還可以稍微傾訴內心話的地方，就能放心地繼續旅行下去。

如果一間藥局既能提供緩解身體不適的藥品，在領藥時可以輕鬆地互動，還有個坐下來休息片刻的地方，成為街角茶店般的存在，那該有多幸福啊。

最近，和我年紀相仿的獨居人士越來越多了。

從前，街坊鄰居或許還會多加留意彼此的狀況，但現在獨自住在公寓裡的人也增加了。

這麼一來，就會出現沒有可以說話的對象，一整天都不會見到任何人的日子。實際上，現在有許多人過著這樣的生活。

尤其在大城市，連可以約在家附近喝茶的朋友都沒有，這樣的情形並不在少數。

某位來到比留間藥局的獨居高齡女性曾對我說：

「在家裡都沒有人能聊天，我好像都快忘記怎麼說話了。」

於是，我這麼告訴她：

「等妳回到家後，去對佛壇上丈夫的照片說話吧。『孩子的爸，我回來了。我買了美味的仙貝，泡個茶一起吃吧。』妳這麼說說看。」

即使丈夫、父親、母親不在身邊了，只要你主動向他們搭話，就會產生對方在聽自己說話的感覺。這麼做可以讓內心平靜下來，因為你會發現那些珍惜你的人，永遠都活在你的心中。

我也會把每天發生的事情告訴去世的丈夫。

「今天啊，發生了這樣的事情喔。」

「很久沒見到的那個人今天來了呢。」

我的丈夫在二十四年前去世了。他是個沉默寡言，性格卻敦厚溫柔的人。

「這樣啊，太好了呢。」

我彷彿能聽見丈夫的聲音這麼回應我。

家人，就是自己的歸屬。

就算家人先離開了，或是現在不在身邊，他們存在的事實也不會改變，是永遠存在於自己心中最重要的歸屬。有些家庭丈夫或妻子明明還健在，彼此卻不怎麼交談，所以我認為能夠產生「想和對方說話」的想法，是一件非常幸福的事。

一個人待在家裡，內心感到寂寞時，希望你能試著主動和重要的人說說話。

「如果還是覺得寂寞的話，那就出門散散步，順道來這裡一趟吧。我會準備能讓妳打起精神的飲品等著妳，聊夠了再回家吧。」

那位女性聽到我這麼說，表情稍微變開朗了。

無論是戰勝疾病的道路，跨越問題的道路，朝著夢想勇往直前的道路，還是守護某人人生的道路，人生就像登山，一路上既有攀頂的時刻，也有走下坡的時候，當你覺得累了，稍微停下來也是很重要的事。

當來到上坡與下坡的分界時，「山頂茶屋」就是一個能短暫停留，坐下來休息一會兒，彼此交流一下的地方。

如果藥局成為如同「山頂茶屋」般的存在就太好了。我認為這樣的藥局，或許能夠成為某個人人生中的其中一個歸屬。

所以，比留間藥局的店門口，那在風中搖曳的暖簾，今天也仍等待著客人的光臨。

人生是有頂峰也有低谷的旅程。
爬至山頂時，稍微喘口氣。
下到谷底時，請喝一杯茶。
美好的路途，
絕對不是拚命往前衝。

2 對學習的好奇心能讓心靈恢復活力

「想體驗自己未曾體驗過的事。」

「想了解自己不了解的事。」

我總是懷抱著這種心情。對於說出口的話，我也有一定要徹底執行的想法。所以，如果有人問起我是不是個不服輸的人，我想自己會回答：

「的確是呢。」

藥品就和當今的網路世界一樣，時時刻刻都在進步，只要稍有怠惰就會跟不上腳步。

我認為不管從事什麼工作，都需要每天不斷地學習。

我時常在接待客人的空閒時間打開電腦查詢新的藥品名稱。

身為藥師，我對藥品的知識必須時時維持在最前線，而「活到老學到老」這樣的想法，總是推動著我去行動。

以前，藥局裡有一個為了照顧孩子而離職的藥師，在五十多歲時決定回歸職場。

「開始有我不認識的藥品了，該怎麼辦呢？就算現在開始重新學習，我也不知道自己跟不跟得上，這讓我很不安。」

聽到她這麼說，我回答：

「我也每天都在學習呢。不知道的事情，去弄清楚就行了。再說，妳不是還比我年輕三十歲嗎？」

應該有許多人的處境和這位藥師差不多，原本有工作，步入家庭後離開職場，過著專心養育小孩或照顧家人的生活，一段時間後又開始工作或打工，甚至挑戰全新的工作。

或者，應該也有很多人處於「我的人生再這樣下去好嗎」這種審視人生的時期。

在這樣的時期，人們或許會對向從未體驗過的事情踏出第一步或是再次回到社會工作時的「空窗期」感到不安。雖然我長久以來都從事著同樣的工作，但要投身充滿變化的環境時，多少也會感到不安。

藥局的狀況也在不斷地產生變化。

隨著電腦、網路、智慧型手機的出現，面對這些以往無法想像的科技進步，數十年前我也曾萌生「看來我也該退休了」的想法。

話雖如此，如今的我會在年輕人的幫助下用 Zoom 參加線上會議，凡事總得嘗試看看才知道嘛。

隨著年齡增長，一個人難免會對變化感到不安，但一定還是有自己做得到的事。

況且，人生本來就沒有和昨天完全相同的今天。

在藥局裡，每天都有新的邂逅和對話，例如會有和昨天不一樣的客人上門光顧，或是和一樣的客人展開不同的對話。

就算每一天看起來都一樣，實際上都不會是同一天。

就算今天來的是同樣的客人，也不見得會發生相同的狀況。「因為是同一位客人，所以今天也一樣呢。」若是這麼想，作為藥師可就失職了，有時就算只是細微的變化，也有助於預防疾病。

隨著歲月的流逝，我對「確實注意眼前的客人當下的狀態很重要」的想法就越強烈。這一點對任何人來說都是如此吧。

「對今天保有興趣，認真地對待今天。」

請帶著這樣的心情，真摯地面對每天的工作和每天該做的事。我認為只要積極地專注於眼前的事物，變化所帶來的不安感就會逐漸消失。

雖然你會擔心空窗期影響工作，但你也可能因此而發現過去從未注意到的嶄新事物。只要每天都帶著「我今天會在這裡發現什麼呢」的心情去工作，就會開始對這份工作的歷史、變遷、未來等各個方面產生想要更深入探索的好奇心。

談到好奇心，或許會讓人感到很困難。不過，就算真的很難，也不代表這是特定人物才能擁有的特質。我認為只要抱持「今天是不同於昨天的特別日子」這種想法過生活，無論在什麼時候，無論是誰，都會產生好奇心。

那位五十多歲回到職場的藥師，後來正視自己的空窗期，花了一段時間讓自己成長。

現在，她不僅是受到眾多客人仰慕的藥師，也作為長期的重要戰力支持著藥局。過去那些感到不安的時光，彷彿不曾存在。

這件事教會了我一個寶貴的經驗：人無論從幾歲開始，都可以有新的經驗；無論從幾歲開始，都能夠有所成長和發展。

沒有和昨天完全一樣的今天。
今天會發生許多和昨天不一樣的事，
就看你能不能發現。

3 成為「活在當下」的人

體驗新事物是很快樂的事。

認識新的藥品，在周遭人幫助下學習電腦的新功能，還有透過智慧型手機用 LINE 和家人互動，對我來說，這些都是讓我充滿活力、保持年輕的良藥。

無論是 LINE 或是電子郵件，我都很慶幸自己學會使用它們，能夠收到訊息或郵件總是令我很開心。我覺得這是現代版的書信往來，一瞬間就能將訊息傳達給對方。

此外，所謂的體驗新事物，也適用於「思考事物的方式」。和我成長的時代全然不同的當代家庭型態，就是我每天都能從客人身上學到的新事物。

雖然無論在戰爭前、戰爭期間、戰爭後，努力工作，組建家庭，任何時候都要認真生活這些事從以前到現在都沒有改變，但是家庭形式和工作環境卻隨著歷史逐漸改變了。

人也好，世界也好，都會持續變化。我總希望自己是不會說出「以前真好啊」這種話的人。畢竟，以前是以前，現在是現在，各個時期有不同的好。

比如說，家庭的表現型態就隨著時代產生了很大的變化。

以前的家庭有以前的美好。那個時代，三四代人會住在同個屋簷下一起生活，祖父母很理所當然會幫忙養育孩子。

因為所有家族成員，甚至整個社區都會幫忙撫養孩子，自然很少會發生孩子被孤立的情況。相對地，或許很容易會發生侵犯個人隱私，或是嫁進來的媳婦感到窒息等問題。

到了現代，母親扶養孩子的同時也出外工作已經是常態。女性熱情投入工作的情況變得如此普遍，真的是一件很美好的事。

另一方面，隨著家庭型態朝著核心家庭發展，像以前的年代一樣自然而然學習育兒或求助的場合越來越少，加上單親家庭也不在少數，因此不難想像在養育孩子時會感到孤獨。

不過，即使在這樣的情況下，對於如何成為母親，仍然存在沒有改變的部分。

平時，只要看到帶著孩子來到藥局的母親，我總是會忍不住想和對方多聊幾句，大概就是出於「想要更了解正在養育孩子的現代母親」這種心情吧。更了解她們的想法之後，或許我還能向育兒中的母親們提供一些建議。

而她們或許可以告訴我一些現在較為普遍的觀念。我希望藉此不斷學習新的事物。

我認為，如果要向別人傳達某些想法，自己有沒有和對方一樣活在現在這個時代非常重要。我不希望自己成為明明沒有關注當今的社會，卻老是說「以前都是這樣子的」，並把自己年代的觀念強加到別人身上的「老古董」。

「我想要體驗從未體驗過的事。」

「我想讓此刻的自己變得更好，就算只有一點點也沒關係。」

「我想試著學以致用。」
「我想成為活在當下的人，總是對現在的事保有求知慾。」
只要擁有這份心，人無論在何時何地都能展開好奇心的羽翼。更重要的是，若能這樣度過「今天」這一天，是讓人非常愉快的事。

話雖如此，我迫切想活在當下最重要的理由，也許是「其他人都知道，只有自己不知道的話就太沒意思了……」這種想法吧。
看到大家興高采烈地談論著只有自己不知道的話題，總覺得很沒意思，不是嗎？

我並不是想要贏過誰。
但我希望無論何時都活在當下。
可能我真的是個不服輸的人吧。

「以前真好啊。」
我想成為不會說這種話的人。
因為人要活在當下這個瞬間。

4 盡量避免使用「好累」這句話

我會盡量避免使用「好累」這句話，理由很簡單：一旦說出這句話，就會真的感到很累。

如果這種話變成口頭禪，那就麻煩了。我們的身體會對「好累」這句話產生反應，因此就算自己其實並不累，身體也會為了做出回應而真的越來越累。

當然，我不會強迫員工也照著做，不過當大家知道我不說「好累」以後，年輕的員工也都不再說「好累」了。

若是我很有活力這件事，能夠成為旁人的活力來源，我會感到非常高興。

尤其是最近，比起上了年紀的人，年輕人更傾向使用「好累」，常常開口閉口都是「我好累」或「我好懶」這類的話。或許，過度上網或使用手機造成的眼睛疲勞、姿勢不良和肌力不足，實際上都會帶來疲勞感吧。

對我來說，「好累」本來應該是一天結束時才會說出口的話。

不過，一天結束時，如果一個人真的累到站不起來的話，通常在說出「好累」之前就會直接倒在床上，下一刻馬上睡著。

或許，當思緒不斷向前衝，身體卻沒能跟上，或者被煩惱纏身時，就會出現把「好累」變成口頭禪的情況吧。

在日常生活中，雖然偶爾會感到心靈倦怠、身體勞累、頭腦疲勞，但是人體本來就懂得如何均衡地調節這三種狀況，比方說透過睡眠療癒一整天下來的疲勞，第二天才能精神飽滿地活動。

現在自己對什麼事情感到很疲憊呢，那是來自心靈、頭腦，還是身體呢？可以稍微試著留心這一點。

這就好比向自己問診，透過這個行為，有時就能找出自己需要的「良藥」究竟是什麼。

這裡說的「良藥」，或許是指好好休息並維持活動與休憩的平衡；也或許是需要找個人，好好商量自己的煩惱；甚或是需要能夠消除身體不適的藥品。

以「好累」開頭，不知不覺脫口而出的話語，往往是自己內心深處發出的訊息。

「好累」、「好麻煩」、「真討厭」、「好難受」，當一個人說出諸如此類的話語時，也許是內心正在傳達雖然身體還沒出現疾病，但是「再這樣下去會生病」的暗號。

身體很認真在傾聽自己說出來的話，所以我認為自己也必須傾聽身體和心靈的聲音。

「全都是關於我的事。」

耳朵非常耿直，

會將聽到的話語完整地承接下來。

避免說出對自己有害的話語。

5 找尋殘存於某處的光芒

在長長的人生旅途中，有時會遇到超出自己能力範圍的事，或許是出乎意料的不幸，或許是被捲入糟糕的事件，也或許是經歷病痛，並因此感到絕望。

我的人生中所遭遇的絕望體驗，就是戰爭。

在東京遭到空襲的前兩天，我們全家人拚命地擠上火車，跟著人群被疏散到長野。

東京空襲那一天，我從長野看見東京那裡的天空被染得鮮紅……這份記憶宛如昨天剛發生般鮮明。

空襲結束後，我們回到東京，原本居住的街道全被燒個精光，甚至能從池袋的高台看見對面的大海。那份衝擊令我此生難忘。

當時我所看到的，只有一望無際的地平線，唯一沒被燒毀、殘留下來的，大概是皇居附近的綠色森林。其他地方全被燃燒殆盡，甚至連瓦礫都不剩。我那自願參加特攻隊的朋友沒有回來，許多的親戚和熟人也都去世了。

戰爭奪走了許多事物，因此在戰爭結束時，整個國家陷入了黑暗之中，所有人都感到灰心喪氣、絕望不已，甚至覺得想重新站起來根本是不可能的事。

即便如此，人們也沒有一直絕望下去。

戰爭結束後，我和家人從長野回到東京，家父在這片焦土上從零開始，重新開辦了比留間藥局。

那段日子，我們從早到晚，全年無休，為了維持生計拚命努力著，即便如此，在那個年代，就算有錢也買不到什麼東西。我們每天都得用代替砂糖的糖精（saccharin）這類的藥品在黑市以物易物，才能換到當天的糧食。

大概是因為這樣的經驗吧，就算出現「已經不行了」、「無路可退了」這種想法，我也相信某個地方一定會有光。

我能夠從戰爭中倖存，是上天讓我活下去，所以我認為活著的人們有生存的職責。

無論是戰爭還是巨大的災害或事件，都是令人痛心的事情，但既然木已成舟，我們必須重新站起來，向前邁出一步緩緩走下去。

若是做得到稍微用不一樣的角度去看待絕望，就可以說是邁出那一步了吧。

就算是被燃燒殆盡、布滿戰灰的東京，也存在沒被戰火波及，至今仍屹立不搖的建築，在我心中，「雖然發生過戰爭，但我活下來了」的想法，讓我渴望在往後的人生善盡自己的職責。

毫無疑問，這已經成為了我做一名藥師的使命與熱情，並且不斷支撐著我。

現在的人們是沒有體會過戰爭的世代，即便如此，日常生活中仍會遇到令人難受的事情，或是發生出乎意料的不幸吧。每個人所經歷的苦，是難以從表面看出來的。

雖然每個人的狀況都不一樣，但若要我說一句話，那就是：「要把看向絕望的視線，移轉到殘存的光芒上。」

或許你會覺得「絕望的時候根本看不見光芒」，但我認為只要還活著，就代表自己還有需要完成的職責。

只要還活著，就能做出行動，只要找回平靜，或許就能察覺周遭的人都在對自己伸出援手。

我在九十五歲時做了人工關節手術，甚至沒有辦法憑自己的力量好好行走。即便如此，我仍然懷抱著能夠使用拐杖行走的希望，每天努力復健。

受傷的時候我並沒有感到絕望，因為我時時想著「自己要將視線放在殘存的光芒上」。

縱使失去了一切，只要還活著，一定能夠找到殘存的光芒吧？

我想要和客人一起繼續尋找那「光芒的良藥」。

無論遇到多難受的事，
此刻能夠活著，
是上天賦予我們生命。
只要還活著，
生命中就存在光芒。

6 不要後悔自己選擇的路

「不要想著改變已經發生的事情，也不要試著改變他人。」

平常站在店裡時，我心中總是牢記著這一點。

高齡客人們聊天時，有時會聽到他們滔滔不絕，談論著漫長人生中的回憶，有時也會聽到他們後悔年少輕狂或養兒育女的事情。

「我明明還有更想做的事。」

「因為是雙薪家庭，所以沒能多留意孩子的成長。」
「早知道就多珍惜和丈夫相處的時光。」
諸如此類令人後悔的往事，越是去回憶，越會讓自己反覆經歷後悔的心情。與其這麼做，不如回憶曾在自己至今為止選擇的道路上綻放的花朵，把時間花在尋找美好的事物上。
我希望有一天你不再活在過去，能夠向前跨出第一步。
而「今天」，就是那一天。
舉例來說，即使犯了一個小錯，並且造成錯誤的人是自己，也不用一直感到後悔，而是要把目光放在現在能做的事情上；如果不是自己造成的，比起不停責怪與怨恨他人，我更傾向好好溝通。

對此，家人總會開玩笑地說我「只顧著看前方」，但無論什麼事情，只要是今天能辦到的，我都會去嘗試，這是我的原則。

對過去感到懊悔這件事，百害而無一利。後悔是毒藥，今天跨出的這一步，並不是改變過去或他人的一步，只能是改變自己的一步。請試著這樣思考吧。

老實說，我時常和孫子康二郎「吵架」。

我很清楚他在我不知道的時候做了各種努力，但是出於不服輸的性格，我總是想要知道一切。儘管如此，康二郎卻不太愛說話，因此每當我追根究柢時，他就會對我很冷淡。

所以有時候，我會在我們搭計程車返家的路上對他說，「請好好地告訴我吧」，接著兩人就會吵架。

康二郎獨自住在我家附近，我總是先下車的那個人。有時我回到家後就會想，「哎呀，我是不是說得太過了？」

這種時候，我不會把整個晚上都用來後悔，而是馬上拿出手機打電話給他，告訴他「剛才真對不起」，盡快跟他和好。

我認為不能因為是家人，就有「對方應該會理解我」的想法。再說，我們還要一起工作，所以我希望隔天早上可以維持神清氣爽。

我以前更加頑固，總是遲遲不願道歉，看來隨著年歲增長，我也變得更坦率了。

不可思議的是，越是緊抓著芥蒂不放，就離解決問題越遠，若是放開緊握的手，事情反倒能夠自然地得到解決。

無論什麼事，「對不起」都要盡早說出口，時間拖得越久，只會越難開口。

此外，也要盡早坦率地接受對方的「對不起」。若是錯過了接受時機，因此糾結好幾十年，不覺得很可惜嗎？

隨著年紀越長，我越想要輕鬆地活下去。

無論何時，
可以改變的都只有自己。
只要自己有所改變，
後悔莫及的過去也好，
無法割捨的對象也罷，
都有辦法放下。

第二章

堅持是良藥

1 早晨第一項行動會創造一整天

我認為，問候語是那一天的心靈寫照。

其中，早晨的第一聲問候，更是會影響一整天的重要行動。

早上起床後，如果家人還健在的話，開口說聲：「早安。」如果家人不在了，也要確實地對佛壇上的照片說聲：「早安。今天也要請你守護我了，請多多關照。」

誠心誠意地望著對方的雙眼，說出早上第一句問候語。只要這麼做，那一天必定會是美好的一天。這是我經年累月學到的，每天早上宛如小魔法般的咒語。

我還有一項每天都要做的事情。

每天早晨，我抵達藥局的第一件事，就是對空無一人的調劑室深深地一鞠躬，說聲早晨的問候語。

「今天也請讓我為了客人們遞出需要的藥品吧。」

「今天也請多多關照。」

我一邊在心裡這麼默念，一邊深深地敬禮。

這是我七十五年來每天都持續進行的習慣。

我在接待客人時，也會從鞠躬開始進行流程。在我們的藥局裡，一定會先鞠躬及自我介紹後，才開始進行藥品說明。

當然，這其中包含對於客人在無數藥局中選擇了我們的感謝。另一方面，對客人來說，我們是他們與「服藥」這件非常私人的事情中間的橋梁。既然認識了客人，那麼我們藥師也應該要確實報上名字，懷抱敬意去貼近客人的人生。

據說，鞠躬是從日本的飛鳥時代或奈良時代開始，就已扎根於日本的文化。

鞠躬的日語是「お辞儀」，正如字面上所示，是一種儀式。對日本人來說，這是隨著悠長的歷史傳承下來的尊敬儀式。

只有發自內心的鞠躬才能打動對方的心，只有懷抱敬意的鞠躬才有意義。我認為，過於謙卑地不停向他人鞠躬，會磨損對自己的尊重。

不要只是隨便地點頭彎腰，要挺直背脊，誠心誠意地對著重要的對象或事物鞠躬。要確實地看著對方的雙眼，或注視著要鞠躬的事物，並好好地低下頭鞠躬。我認為這才是真正的鞠躬。

我想懷抱著感謝與尊敬的心，好好珍惜生活中和自己有來往的人、所從事的工作、所參與的事情。乍看之下，這是對其他人做的行為，然而實質上，我卻認為這和珍惜、尊重自己的人生息息相關。

最能表達敬意的地方，就是日常的問候。

誠懇的態度、宏亮的聲音、端正的鞠躬，這種爽朗的問候方式，會為我們傳遞尊敬之心。

挺直背脊彎腰鞠躬，
望著對方的眼睛打招呼。
飽含敬意的問候，
會招來美好的一天。

2 因為有「習慣」，才能誕生出「嶄新事物」

非常值得感謝的是，我從沒有因為工作而感到痛苦，也從未想過要放棄。

對我來說，每天早起上班是習以為常的事，也是理所當然的事。

所謂的習慣，雖然要花點時間培養，不過養成習慣以後，只要不做就會感覺哪裡不對勁。早上起床刷牙、整理服裝儀容就是很好的例子。

如果「想要一輩子都維持活躍狀態」的話，或許盡早將現階段的工作方式變成「習慣」會比較好。

即便是以職員的身分工作到六十歲退休，其實也還年輕，不妨開始學習新的事物，並將其日常習慣化。

你可以嘗試至今為止一直想做的事情，也可以把注重健康和飲食的生活當成習慣。我認為想想什麼樣的生活方式成為習慣後能夠滿足自己是一件很好的事。

我每天早上都是第一個到藥局的人，也比任何人都還要早站在店裡，而店面營業時間結束後，我則是最後一個離開的人。迎接和目送一起工作的員工和客人不僅是我的習慣，也是我期望的模樣。

至於我在工作之外的習慣，就是早上飲用酵素，以及晚上用啤酒犒賞自己。還有，在出門的時候，我一定會好好畫上眉毛，塗上口紅，並抹上腮紅。

以前，我每個月都會去表參道的美容院染頭髮並把頭髮燙捲；不過現在因為還有腿部復健，我開始會請其他美髮師到家裡服務，幫我修整頭髮。

健康的習慣、工作的習慣、作為女性修整外貌的習慣。

這些事對我來說，真的是非常重要的習慣。一旦某件事情變成習慣，就不會覺得身體力行很麻煩了。

習慣越多，就越能夠保持精力和體力，因此隨著年歲增長，為自己增加新的習慣和挑戰，或許是長命百歲的祕訣。

習慣一旦養成，就不會有閒暇的時間想著「好討厭喔」或「真麻煩耶」，而且身體會不由自主地行動起來。

這麼一來，很不可思議的是，你的人生會出現「空間」，或者換個說法，會變得更有餘裕；此外，你也會更有餘力去做想做的事。透過創造「習慣」，出乎意料地會迎來新的氣象。

現在我努力想要養成的新習慣，是熟練地操作電腦和智慧型手機。我希望自己不需要思考或詢問他人，就可以俐落地使用這些電子產品。

我認為人無論到了幾歲，都能去挑戰新事物，也有十足的可能將新習慣內化成自己的東西。

不過，如果一開始就設立過大的目標，很容易會演變成三分鐘熱度。雖然我並沒有過多的期望，卻也曾因為目標太大而放棄過好幾次。這麼想來，第一步從小事情開始，或許比較好吧，「唯有這件事情，我每天都要實行」，務必從每天都做得到的範圍開始嘗試。或者，就算你還沒去做，也可以先在內心深處想像「如果能做到這件事就好了」，好好思考也是很重要的一步。

一旦養成更多習慣，
內心就會擁有餘裕，
身體也能輕鬆行動。
如此創造出的空間，
會迎來全新的氣象。

3 好的「理所當然」，不好的「理所當然」

每天早起去工作，對我來說是理所當然的事情。

雖然我在前文已經這麼告訴過大家，不過我認為「理所當然」分成「能成為良藥的理所當然」和「會變成劇毒的理所當然」。

首先，「能成為良藥的理所當然」，會讓你有「那是理所當然的，所以要好好完成」的想法。當你把自己該做的事情明確地變成習慣，就不會對行動產生懷疑，也不會出現厭惡感。

也就是說，好的「理所當然」不會引起不必要的煩惱。這是一種能夠心無雜念面對事情的狀態。我認為，當一個人毫無疑問地朝著目標前進，就可以保持強韌，並取得很大的成就。

更重要的是，如此一來就不會產生煩惱。

比如說，在戰爭期間，人們每一天都得設法在轟炸中活下來，眼前唯一關注的目標只有「活過那一天」，所以不會有其他煩惱。

再比如，戰爭剛結束時，所有人都很窮，也沒什麼工作機會，因此只能盡全力執行眼前被安排的工作，根本沒有煩惱的時間。

煩惱，通常會出現在生活富足的時候。

當沒有生命危險，擁有更多閒暇時間，就會開始產生「這份工作究竟適不適合自己」這類的煩惱。

也就是說，會感到煩惱、不想做某件事、想要放棄，這件事本身其實就是一種富足。因此，當你產生「真不想做」的心情時，不妨去察覺在其背後的那份富足。

另一方面，被別人強加的「理所當然」，有時會變成損害身心的劇毒。我們也許有必要質疑這種「理所當然」。

站在店裡的時間比任何員工都還要長的我，平時就會自我確認，有沒有將自己的「理所當然」強加到別人身上。

我總是會有意識地關心與重視年輕人的意見和想法，也是因為這個理由。

在比留間藥局裡，有一幅由全體員工共同完成、貼滿圖畫和照片、描繪著藥局追求的目標和理想的夢想地圖，就是年輕藥師想到的點子。

還有，母親節當天贈送一朵康乃馨的小活動，也是在年輕員工的提議之下開始的，至今已經持續了好幾年。

因為贈送的對象不限女性顧客，有些男性顧客會疑惑地問：「咦？送給我嗎？」這時，我們會如此回應：「您也有母親，對吧？」接著，對方便會露出微笑並接下花朵。無論母親是否在世，回想起母親並沉浸在當時的記憶中，我認為這樣的母親節也十分美好。

當然，這種活動成本並不低，如果把藥局就是販售藥品的地方視為「理所當然」，或許根本沒有舉辦的必要。

不過，打破這種「理所當然」的挑戰會帶來全新的氛圍。當大家共同努力完成某人提出的想法，內心就會吹進涼爽的微風。

實際上，這份母親節禮物在客人之間大受好評，所以除了母親節，在立春、女兒節、萬聖節、聖誕節等節日，我們也會贈送客人小禮物。

即使一個人辦不到，透過與其他人合作，一起將新的想法付諸實踐，也是每天都可以接受的小挑戰。

積極的「理所當然」會拂去煩惱；
被強加的「理所當然」會生出心之監牢。
偶爾重新審視自己的「理所當然」，
並吸收新的方法吧。

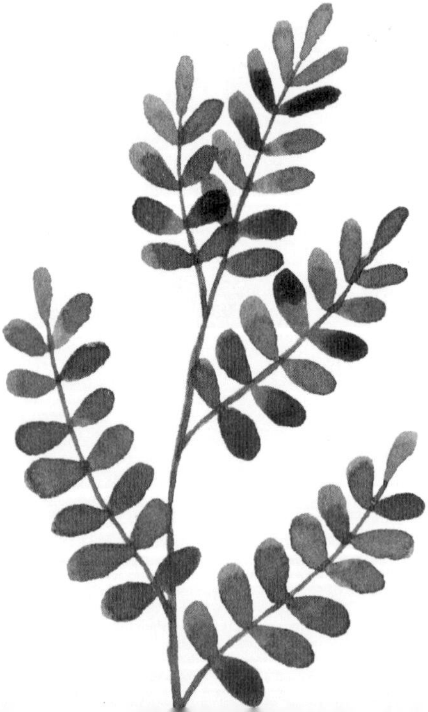

4 把「共同」、「一起」當作口頭禪

現在，醫院的周圍總是能夠看見藥局林立的景象。不過，比留間藥局剛在小豆澤開業的時候，這附近只有兩間藥局，如今這條街上開了許多藥局，所以被稱為「藥局街」。

雖然我們彼此是競爭對手，但同時也是鄰居。

二〇一五年，日本厚生勞動省以「從『醫院』到『家庭』，再到『社

區』」為口號，提倡藥局要在社區扎根的理念。根據這項理念，政府開始推崇家庭藥局和家庭藥師，人們迎來了「客人能夠自由選擇合適的藥師」的時代。

在這樣的時期，我認為藥局不應該各自競爭，反而要善用各自的強項，讓彼此有條生路。這麼做也能讓客人找到適合自己的藥局及藥師，可謂一石二鳥。

雖然我沒有仔細思考過比留間藥局的特色與強項，不過我從客人的話語中得到了答案。

「很感謝這裡輕鬆的氛圍。」「這裡有願意好好傾聽的藥師。」我認為這些令人開心的回饋，就是我們的特色。

我在前面提過，比留間藥局是戰爭期間因躲避空襲而被疏散到長野的家父，回到東京後在被燒毀的焦土上從零開始建立的。

當時，由於醫生很稀少，人們不僅是在藥品方面，就連身體的健康狀況都會找藥師商量，藥師則可以根據專業判斷販售藥品，因此藥局可說是比醫生還要能輕鬆傾訴煩惱，宛如救命稻草般的存在。無論是家父還是我們，始終都是帶著這樣的心意努力工作。

直到現在，我的兒媳婦和孫子，還有一起工作的藥師，也繼承著家父所懷抱的志向，我真的感到很欣慰。

還有一件令人感激的事情。有客人會對我說：「因為能和榮子藥師聊天，我才會來到這裡。」上了年紀的人，很難向年輕人啟齒自己對身心衰老感到不安。這一點，或許是因為九十六歲的我比任何人都還要年長，就算不是最年長的，也肯定是同年代的人，所以客人能夠自在地和我談論吧。

年長藥師能做的，大概是讓年輕人看見自己就算上了年紀，依然能過得幸福快樂的模樣吧。

所以，即使我自從幾年前骨折後需要使用拐杖和助步器，我還是努力進行復健。如果比我年輕的人們看到我這麼做之後，有感而發說出「我也要努力！」這句話，對我來說是身為藥師最大的榮幸。

雖然我做不到很厲害的事情，不過若是自己日常中的小努力，能夠為這個地區的人們帶來勇氣，我一定會盡己所能去努力。

與其將目標放在獨贏，
不如善用自己的優勢，
讓彼此共存共榮。
無論是組織或地區，
我們都是生活在其中的人。

5 總是保持與社會的連結

長年看著客人們，我發現有朝氣的高齡者都有共通點。

那就是從年輕時就注意飲食均衡、保有充足的睡眠、維持適度的運動、找到發洩壓力的方法，始終給人積極主動的印象。

出於退休等原因，當人們待在家裡的時間變長，很快就會變得不想參與許多事務。不過我覺得退休後也用心讓自己維持和工作時同樣活躍的生活，會讓人覺得自己時時都很有朝氣。

我到現在還能精神抖擻地工作，都多虧了同樣是藥師的兒媳公子每天幫我準備營養均衡的便當，再加上我白天勤奮地工作，以及晚上熟睡到天亮。

另外，和他人對話這件事情無關年紀，對所有人來說都是讓頭腦保持健康的良藥。我覺得自己總是一邊做著提供藥品的工作，一邊從客人身上獲得朝氣，對此我真的非常感激。

我想在公司任職的人，大多都會在六十歲或六十五歲迎來退休。不過現在的六十歲世代，大家都很有活力，仍然處於身強體健的狀態。有孫子的人，可以透過和孫子們進行遊戲來鍛鍊體力，也能從孫子們身上獲得能量，不少人甚至比孩子的父母還要有精神。

再說，現在可是百歲時代，退休後還擁有四十年生活，幾乎等同於以社會人士身分工作的時間。

第二人生，絕對不是餘生。

如果能夠找到新工作，去工作當然很好；就算不從事新工作，這也是去做以前想做的事，去學以前想學的東西，任何事物都可以挑戰的大好機會。

每當我聽到像是六十多歲的女性在丈夫過世後，決定挑戰自己感興趣的事物，開始在進行日間看護工作時教授粉彩畫或插花；或是夫妻退休後一起經營咖啡廳的故事，我總會獲得滿滿的能量。

想要朝氣蓬勃地活出健康長壽的人生，也許需要不斷地接受挑戰。總是與社會連結是保持活力的祕訣，這一點在我看來是無庸置疑的。

再來，如果可能，選擇非義工並能確實收到酬勞的工作也很重要。既然有酬勞，就必須帶著專業的心態去工作。這種帶有積極意義的緊張感會活化我們的大腦。

如果正值四十、五十歲，現在開始思考退休後的事情，接下來的時光也會變得讓人期待。夫妻一起挑戰些新的事物也非常美好，那一定會成為相當幸福愉快的時光。

哭泣也好，歡笑也好，人生都只有一次。好好下定決心，挑戰自己至今為止想做卻還沒有做的事情，也許是幸福度過熟齡生活的關鍵。

第二人生還有足足四十年。
從那裡開始重新出發，
不是很棒的事情嗎？

6 從小看大，三歲看老

無論是學生時期還是長大成人後，我都喜歡見識新的世界，也總是會外出旅行。以歐洲為首，我和丈夫也一起跑遍了海外各式各樣的地方。

我究竟是從什麼時候開始喜歡到處走走看看的呢？這個問題讓我回想起小學二年級的往事。

當時，我在巢鴨的大正大學的老師底下學習書法。某次，老師問「要不要把作品拿到上野的美術館展出」，因此大概有五、六個學生決定在美術館展示書法作品。

我在寫著「春近有梅知」的作品上落款，那是我的自信之作。

展出期間，老師請連同我在內的五、六個學生先到他家集合，再帶大家一起去美術館，但是我沒趕上約定時間，到老師家時被告知「他們已經先出發了」。

不過，無論如何都想去觀賞的我並沒有放棄。我在池袋上了東京都電車，拿著到上野要用的七分錢，向美術館出發。

因為家人時常帶我去上野動物園，我憑著記憶搭上開往廄橋的電車，並在大塚三丁目轉乘往上野的電車，行駛過不忍池一帶後，我在上野站下了車，並獨自朝著位於動物園旁的美術館走去。

當我抵達時，大家都已經觀賞完畢回去了，所以我一個人確認了有自己的名字以後，又搭著電車回家了。

不用說，我回到家後被父母罵了一頓，但是那份受到「無論如何都想看到」的心情所驅使的「冒險」記憶，至今仍鮮明地烙印在我腦海中。

有趣的是，前幾天我找到了那件被展示出來的作品。

它大概是在戰爭期間我們家被疏散到長野時，一個沒留神被我塞到行李中的吧。由於作品已經變得傷痕累累，我便請認識的裝裱師客人幫我整修，令人驚訝的是，經過修復後的作品和當時一樣乾淨美麗。

每當我望著被裝飾在床之間[1]的作品，我便會回憶起當時，不禁一邊感嘆「從小看大，三歲看老」，一邊不自覺地露出笑容。

與此同時，我也覺得人的本質是不會改變的。

書法和旅行，一直都是我最喜歡的事，也不斷滋潤著我的人生。我覺得自己心中似乎也一直保有冒險精神。

退休或是年紀越來越大後，當你產生「雖然很想找點新的事情或興趣，卻不知道要做什麼才好」的心情時，不妨回想自己年幼時是怎樣的

1 床之間：又稱「凹間」，是位於和室中一個內凹的空間，古時候會擺放掛軸、插花等裝飾。

性格、做什麼事會感到快樂，說不定就會慢慢找到自己想做的事情。

我認為，無論是做自己想做的事情，或是實現自己的夢想，其實不管到了幾歲都可以去做。

而且，要是一直關在家裡，無論是精神還是身體都會變得虛弱。要盡量主動走到外頭，就算只有一點點也好，要和社會保持連結，或者開始去做以前想做的事情。為什麼不試著再次點燃自己的好奇心呢？

人是只要有想做的事情，即使不特別努力也會讓自己行動起來的生物，所以我認為越是有目標，就會越有精神。

性格和喜歡的事物，
不會那麼容易改變。
若是找不到想做的事，
不妨試著回想自己年幼時，
曾經喜歡做的事吧。

第三章

溫暖是良藥

1 傾聽是「良藥」

面對醫生開的處方藥品，有人會感到不安並產生「難道以後得一直吃這麼多藥嗎？」或「這些可以和我平時吃的保健食品混在一起嗎？」等顧慮。

像這樣突然產生疑問或擔憂時，我希望大家可以自在地找平時領藥的藥師商量。或許有人會擔心「這種事是可以問的嗎」，不過藥師除了是藥品方面的專家，同時也可以是心靈與健康方面的顧問。

藥師很清楚你與藥品的關係，是可以商量任何事情的對象。正是因為如此，我希望你能夠擁有自己專屬的家庭藥師。

更何況，光是有人傾聽自己說話，內心就會變得輕鬆一些。我覺得和別人談話並且被傾聽，這件事本身就是一種良藥。

我在傾聽別人說話時，無論什麼事情我都會先說「這樣啊」，並從「接納對方」開始這段對話。我不會在對方說話的時候插嘴，而是專心傾聽對方的話語，接著再回答對方的問題。

就算是我認為「絕對不要那麼做比較好」的事情，我也不會唐突地告訴對方「那樣子不可以，快停止吧」。若是讓對方感到被否定，那麼就沒有找我傾訴的意義了。

就算對方不會這麼想，我也認為「不要那麼做比較好」這件事，本人其實是最清楚的。因此，不分青紅皂白地講道理，或是強烈告訴對方要改變，都不會有太大效果。

想想看，如果自己是對方的話會有什麼感受呢？該怎麼告訴對方，才能讓對方感受到自己確實理解呢？要一邊這麼思考，一邊認真傾聽眼前的對象所說的話。

比方說，我會懷抱著讓對方繼續說下去的心情這麼問：「這樣啊，所以你才會喝很多酒啊。是不是忍不住就想喝酒呢？」

這種問題若換作是家人提出來，或許很容易會變成引發口角的導火線，但不可思議的是，當年長的我這麼詢問，很多時候客人都會坦率地開口：「對啊。也許是丈夫的事情讓我很煩，不知不覺就喝了很多酒。」

面對自己難以改掉的習慣，或是人際關係的煩惱，比起家人，我建議大家選擇與自己稍微有些距離的人商量看看。

雖然家人通常也會認真傾聽自己說話，但是在稍微有距離感的人面前，人往往能夠變得更坦率。

我想，這或許是因為透過恰到好處的距離感，能夠讓自己坦率地接受對方的反應和意見，並以客觀的角度重新審視自己吧。

我平時就會告訴客人們，無論是對藥品的擔憂，還是健康方面的問題，或是有難以啟齒的事，任何事情都可以隨時找我商量。

當然，我並不是醫生，也不是心理師，所以可能得向客人介紹專業人士。不過，只要讓客人產生踏實感，知道身邊存在願意聽他們說話的人，問題就顯得沒那麼嚴重了。

心中感到些許不安時，
請務必試著找人傾訴。
只要說出口，
心情就會變輕鬆。

2 多管閒事是萬病之源

我認為藥師是一種「關心他人的工作」。

關心他人這件事，在自己感到疲倦或沮喪的時候是做不到的。只有腳踏實地，讓自己獨立起來，才能真正替對方著想。正是因為如此，每天都要先確認自己的身心是否健康。

關心他人，意味著替別人著想。

而這並不是代替對方做些什麼，也不是期待對方改變。

對我來說，是「只說一句話」。

在進行完藥品說明後，我會向客人說：「你看起來好很多了呢。」聽到這句話後，對方的表情會突然變得更明亮、更有活力。

我認為就算是無意間說出的話語，只要是打從心底為對方著想，也能轉變成對方心中重要的話語。

所以，我會不經意地向對方傳達「我很關心你」。

最重要的是「只說一句話」。

若是多說兩、三句話，因此過於深入他人的問題，反而會適得其反，讓自己深陷其中無法自拔。

任何人都很容易在不知不覺中用自己的價值觀和正義向對方說教，請努力忍住這種衝動。

「你維持原本的樣子就可以了。」先在自己心中向對方傳達這個想法，說出來的話自然會減少，也會逐漸覺得「只說一句話」就足夠了。和對方保持適當的距離，才有可能替對方著想。正是因為如此，我認為「只說一句話」或「只靠近一步」是最好的。

我們要保持的並非社交距離，而是心理距離。我希望自己和對方的心保持恰到好處的距離，好好地注視彼此。

在疏於照顧自己的情況下替別人操心，那或許不是真的在為對方著想，而是你心中抱有期待，認為對方「如果能照我的話去做就好了」。

又或者，你可能是想藉此來確保自己在對方心中的位置。

如果你把自己真正想做的事情晾在一旁，只顧著給予他人建議或幫助，你的身體和心靈就會逐漸感到疲倦。

俗話說「疾病由心生」，就某種意義來說，或許應該是「疾病由多管閒事而生」吧。

要是對方最後沒有照著你的期待行動，或許你還會產生「我都幫你做這麼多事情了」的想法，接著開始感到不滿。

除非對方自己願意採取行動，否則是不會有任何改變的。若是不斷被插嘴說「這樣或那樣做比較好」，或許對方也會開始感到厭煩，打從心底開始與你越離越遠。

這麼一來，留在原地的只有既孤單又疲倦，沒能好好照顧自己的你……這樣本末倒置，不覺得太寂寞了嗎？

所以，在關心別人的事之前，請先關心自己。

無論何時，都要先關心自己。

只要自己有活力、安定、內心豐富，自然而然地就會去關心別人。

那個時候流露出的關懷，才是不帶有對他人的期待，純粹且真誠的善意。

關心他人時，「只說一句話」很重要。
只要將心意傳達給對方就夠了。
想闖入他人內心深處並試圖改變對方，
就叫多管閒事。

3 嘗試到接受為止

這是發生在很久以前的事。

有一位七十多歲的男性客人來到藥局，他拿出處方箋說「我等等再過來拿藥」就離開了。等到他回來時，藥局裡的客人變得非常多，所以無法馬上把藥交給他，於是他生氣地離開了。

關店之後，我為了好好向他賠罪，便前往那位先生的家。那位先生用敷衍的態度在玄關處對我說：「夠了，我知道了。」

然而不知道為什麼，我覺得不能就這樣草草了事，便像刑偵電視劇會出現的場景一般，用拐杖擋住了即將關起來的門。

「不，請您好好聽我說。」

說完這句話後，我放慢語速對他說：

「由於我的疏忽讓您感到不快，真的非常抱歉。不過，如果不知道您為什麼感到不快，我會很過意不去。能不能請您告訴我呢？」

大概是輸給我的固執吧，那位先生嘆了一口氣，如此告訴我：

「其實，幾個月前內人去世了。我獨自一人感到很寂寞，無論是打掃或洗衣服，我都必須自己做，還得去拿藥……然後，因為心裡很急，態度也不由自主變得很強硬。結果妳卻還替我擔心，甚至跑到這裡來，真的很謝謝妳。」

當然，換成是在今天的日本，抓著快關上的門說「我們談談吧」或許會鬧到警察那裡去。不過，由於社區藥局是客人的救命稻草，所以我不想讓客人失望的心情勝過了理智。

我認為，正是因為我相信自己「不能就這樣草草了事」的感覺並且採取行動，客人才對我敞開了心扉。

在會客訴、生氣的人當中，存在懷抱著巨大悲傷的人。有時候，那無處可去的悲傷會化為憤怒並爆發出來。尤其是獨居生活的高齡者，他們懷抱的不安與悲傷非常強烈。我從當時就有點擔心這個狀況，不過現在那樣的人又變得更多了吧。

南丁格爾說過：

「懷抱著恐懼的心，只能成就小事。」

「我的成功，來自於我從不找藉口，也絕不接受藉口。」

雖然我不是護理師，不過在與內心憤怒或悲傷的人接觸時，我不會小心翼翼對待他們，也不會驚慌失措地逃跑，我想帶著堅定的信念好好面對他們。

還有，我不會找藉口或狡辯，而是用盡全力、一心一意、真摯誠懇地面對眼前的人。這是我一直以來重視的原則。

當然，這不只限於藥師。無論是否有工作，我認為這是對所有人來說都很重要的準則。

毫不畏懼地說出自己的意見，大大方方地承認自己的錯誤。

我相信只要有這份勇氣，無論何時都會找到出路。

面對他人時要真摯誠懇，
不要找藉口或狡辯，
必須要懷抱信念，
並誠實地傳達自己的話語。

4 不會生病的思考方式

每天與客人談話並交付藥品的我，內心有一個想法。

那就是「疾病由心生」這句話或許是真的。

無論是誰，難免都會在人生中遇到讓自己灰心喪志的事。但是，如果一直在意那件事情，接下來身體就會開始生病。

我想對這些人說的話，首先就是「原諒自己」。

我認為，有許多人會責備自己的過去或現在，因此無法入眠或是腸胃狀況不好，進而導致身體生病。

無論是責備自己還是他人，「責備」這件事情都是百害而無一利。

當你責備某個人，或是不斷對某人抱持憤怒的心情，就會沒來由地出現頭痛或胃痛的狀況。

對自己也是，就算責備自己「為什麼會生病」或「為什麼做不到」，也完全不會帶來任何好處。「為什麼」這個問題，是無法因此得出答案的，反而只會產生更多痛苦。

世界上本來就沒有完美的人，所以若是一直把目光放在缺陷上，並為此不斷感到失落，世界不是會瞬間變得黯淡嗎？

首先要原諒自己，並且成為自己的夥伴。

若不這麼做，就無法擁有能夠面對病痛或困難的力量。所以，希望你務必把對自己說的話，轉換成激勵人心的話語。

「謝謝」、「你很努力呢」、「你好棒喔」、「不要緊的」、「你做得到」。

每天對自己說出溫暖的話語，必定會讓自己變得強大。

希望你能抱著「我是自己的同伴」這份意志去貼近自己的心。當然，也請對正在努力的身體說句關懷的話。

我在腳痛感到難受的時候，會一邊輕輕撫摸自己的腳，一邊這麼說：「今天一整天也辛苦了，謝謝你。」很神奇的是，說出這句話以後，我的腳似乎也沒那麼不舒服了。

雖然我是藥師，但我並不推薦只依賴藥物的生活。

最近，失眠的人越來越多了。「雖然吃藥睡得著，但不吃藥就睡不著。」有這種情況的人也很多。面對這樣的人，雖然我不會硬是要對方不吃藥，但我會告訴他解決導致失眠的真正原因才是最重要的。因為壓力導致腸胃疼痛的人也一樣。

雖然藥品或許能夠緩解當下的症狀，但對某些人來說，若是維持現在的生活或環境，源自內心的病就不會好轉。為什麼呢？因為這是內心厭惡現狀，而且身體正處於大喊著「救救我」的狀態。

在這種時候，比藥品更加重要的，是好好注視心中懷抱的情感，並確保有個地方能讓自己說出心裡話。

不管再怎麼忙碌，一天三十分鐘也好，為自己空出時間，並擁有讓自己放鬆的方法是非常重要的。

我的放鬆時刻是每天工作結束後喝一罐啤酒，打開鋁罐時「噗哧」的聲音總令我欲罷不能。只要擁有這段時光，我就可以重新出發。

請務必去找找看只屬於自己的放鬆時刻與事物。

關心自己、讓心靈與身體充分休息，並擁有能夠說出真心話的地方。

這些事情有時意外地能成為真正的良藥。

「疾病由心生。」
照顧自己的感受，
對預防生病或緩和病情也有幫助。
為了讓自己幸福而付出的努力，
是最有效的良藥。

5 別花時間擔心未來

我不會去思考和擔心未來。

或許因為我年事已高，再活也不久了吧（笑），不過要說為什麼我不會擔心，那是因為絕大多數的壞事，只要等到發生的時候再去思考就可以了。

我在因為骨折而住院，需要復健治療的時候，也是懷抱「還想在店裡工作」的心，全心全意努力著。

即使擔心未來不能走路的日子，也不過是想像罷了。不到那個時候，根本沒有辦法實際面對，也無從得知自己會有什麼感受。正因如此，我才不去思考未來的事，也不去擔心根本沒有發生的事。

最近，我在和客人聊天時，發現有許多人都在擔心未來。

所謂的擔心，也意味著預測未來會發生不好的事。我認為，無論再怎麼擔心都無法阻止壞事發生，有時還會因為不斷想著那些事，而將事態引導到不好的方向。

所以，面對容易擔心的客人，我總會這麼說：

「不要老是想著未來的事，要不要現在去做些快樂的事呢？」

一個人會感到擔心，就代表還有時間。我們每天都有很多要做的事，如果你專注在這些事情上，根本沒有時間擔心。請努力用你正在做或想要做的事情來填滿當下的生活吧。

當然，為將來做一些準備總是好的。

比如，為了不生病而調整飲食習慣，或是為了不讓孩子起爭執而想好繼承問題，這些並不只是害怕和擔心未來，而是確實付諸於行動，因此十分積極正向。

所以，如果感到擔心，我認為將「擔心」與「消除擔心的行動」相結合是個好主意。

最好把注意力集中在眼前的事情或其他有趣的事情上，以此來消除對無法解決或不知道是否會發生的事情的擔憂，這麼做對身心和人際關係都有好處。

即便如此，還是無法消除對未來的不安，甚至深陷其中的時候，透過寫下這些想法把它們從身上「甩掉」也許會有幫助。有可能還會意外地察覺：「咦？我一直在想著不知道是否會發生的事情啊。」

我學習書法已經很久了，寫書法對於整理自己的內心十分有效果。只要集中注意力，煩惱就會暫時離開我們的腦海。

再來，若是有活動身體的習慣，那就更好了。

我在年輕時加入了排球社，在九人制球隊中擔任後排中間的球員。

我認為，透過社團活動或興趣嗜好等活動，人們能夠獲得歸屬感，建立貫穿一生的緣分，並且維持身心健康。

我的孫子康二郎也是，他從國中到大學都是排球社的一分子，直到現在也和許多朋友保持聯絡。

就算不是一項激烈的運動，也有人會在上了年紀之後開始學習能劇[2]。為了一直健康有活力，維持肌力和與人相聚都是不可或缺的。

2 能劇：一種日本傳統的歌舞劇。

與其擔心未來，
不如思考讓今天變快樂的方法。
只要專注於當下，
就沒有時間擔心其他事了。

6 人們生活在一起，總是要「互相」

即使是輕鬆隨意的關心，也很容易讓人打起精神來。

我在前面提到過，簡單問候一句、輕握對方的手，這些都是我作為藥師的日常。

我會在小事上伸出援手，也會輕聲告訴對方「我很關心你」，或是在客人離開時溫柔地握握對方的手。

當我對客人說「一起打起精神吧」的時候，經常能夠從客人身上得到相同的回應，這讓我感覺自己反而得到了更多鼓勵。

我時常要幫看完骨科的客人貼藥布，將藥布「啪嗒」一聲貼上是我的信條。平時我總是很有精神地告訴客人：「要『啪嗒』地貼上去喔！光有這股氣勢，身體就會自動產生想要好起來的慾望。」

不過，現在這個時代獨居的人很多，因此許多需要將藥布貼到後背或腰部的客人，常常找不到人幫忙；塗抹用的藥膏也一樣，有不少人沒辦法自己塗抹。

這種時候，我會若無其事地問他們：「要不要在這裡貼完藥布再回去呢？」當然，有些人會感到驚訝，沒想到藥師願意做到這種地步。出借洗手間給客人，並且幫忙一起貼上藥布後，對方總會露出如釋重負的表情。

我認為向某人伸出援手這種溫暖的舉動，本身就是一種良藥。

除了在開立藥布或藥膏處方時幫助客人，我平時也會一邊告訴客人「要是你感到困擾，歡迎每天都來找我，我隨時都會幫忙哦」，一邊送對方到門口；在客人離開的時候，我也會向對方說「我們下次再見吧」。

接受他人幫助絕對不是丟臉的事情，也不需要感到抱歉。自己做不到的事情，拜託做得到的人幫忙，我認為這樣才能誕生溫柔對待彼此的人際關係。這也是激發他人表達善意的契機。

人們生活在一起，總是要互相扶持。自己很健康的時候就去幫助他人；自己做不到的時候，就借助他人的力量。

我想要過這樣的生活。

因此，我總是會輕鬆地與大家聊天。隨時敞開心胸，就會擁有真正關心你的人。

所謂的溫柔，有時候看起來並不溫柔。所以，有一個願意在關鍵時刻真心點醒自己的人，真是令人感激的存在。

俗話說「良藥苦口」，真正有效的藥是難以下嚥的。言語也一樣，真正打動人心的話語，不會出現在膚淺的關係。

而是會出現在「無論身體或心靈，都能請對方幫忙貼上藥布」這種溫暖的關係。

敢於向自己提出忠言的人，才更應該珍惜。

那是無論何時彼此都能互相給予和接受幫助、溫暖的關係。

如果能夠和某人有這樣的情誼，縱使你孤身一人，也不會被孤獨侵蝕心靈。

自己做不到的事情，
請試著向他人求助。
聽聽看別人怎麼說。
如果能這麼做，
就是真正成熟的人。

7「謝謝」是最棒的良藥

我平時會盡量避免說別人壞話或批評別人。

相對地，我會盡量多說「謝謝」，這是我的活力來源。

說別人壞話或批評別人時，因為自己同時也在聽著這些話，所以自己也很難有好心情。

隨著年齡增長，不可避免地，需要拜託別人幫忙的情況會越來越多，但無論多麼細微的小事，都不存在「別人理所當然要幫忙做」的事情。

這在「有付錢」的前提下也是如此。如果所有自己一個人無法做到的事情，都能在別人的幫助下實現，是很值得感激的。

正是因為如此，我認為一天當中說「謝謝」的次數，就是感到幸福的次數，也是無法靠自己做到的事情被實現的次數。

同樣地，「我開動了」也是如此。

最近似乎有家長認為，學校的營養午餐是付了錢的，所以沒有必要說「我開動了」。但是，無關有沒有付錢，「我開動了」這句話，本來就是針對「獲取」其他生物的生命、「收下」他人製作的美味佳餚等，表露對「收到」這件事情的感謝，所以我想好好珍惜這句話。[3]

當你每天都說「謝謝」和「我開動了」，就會發現一天當中發生了許多值得感激的事情，自己也獲得了很多事物。

就是這些瞬間，讓我即使步入老年，依然能感受到每天的生活都很豐富。

再來，「謝謝」這句話，我希望大家也能對自己說。

現在因為醫療進步，六十、七十歲也還算相當年輕，仍是精力充沛

3 在日本文化中，用餐前經常說的「我開動了」（いただきます）這句話，也有「我恭敬地收下了」的意思。

的時期。然而，人一旦過了八十歲後半，有些長久以來理所當然的事，可能就不再是那樣了。我直到這個年紀還能每天工作，對於這一點，我由衷感謝給予我這副身體的父母，以及每天都支持著我的家人。

如果可以的話，我希望能工作到人生最後一天，但是我已和年輕時不同了，四十歲的我十分鐘能做完的事情，現在要花三十分鐘，諸如此類的事情變多了。

不過，我不責怪這樣的自己，也不認為這樣很不中用。因為我相信，這副身體從出生到死亡，始終都是我最重要的夥伴。

這九十六年來，我每天都在使用的眼睛、耳朵、雙手及雙腳，今天也依然在運作著，對於這一點，我真的滿懷感激。

「今天，也謝謝你們為我努力了一整天。」

接受原原本本的自己，臨睡前感謝自己今天做到的事情，就會湧現滿滿的幸福感。明天，我也想把這份心意獻給客人們。

「感謝」是最棒的良藥。
不是因為幸福才「感謝」，
而是「感謝」會帶來幸福。

第四章

時間是良藥

1 能治癒傷口，也能讓人心更柔軟的「時間良藥」

即便有幸出版書籍，甚至被載入金氏世界紀錄，我依然只是一位平凡的藥師。我既沒有藥學博士學位，作為一位經營者也並無高明的手腕。

不過，對於七十五年來一直站在店裡，時時體恤客人感受這一點，我感到非常自豪。

長久以來一直在店裡上班，與客人共同度過的時光，對我來說成為了一股巨大的力量。

「堅持是力量」，這句話看似平凡，不過我至今仍然確信，累積的時間終將變成力量。

二十五年前，藥局的分店剛在板橋區的小豆澤開業，我的兒子突然因病倒下的時候，我幾乎要被「是不是我給他太多工作了」、「我居然沒發現他的身心都背負著龐大的壓力」這類的想法擊垮。

但是，我並沒有止步不前。我認為自己必須代替無法工作的兒子守護藥局，這就是我的職責。我並沒有時間沉浸在悲傷之中。

每天與客人的互動，簡直就像在決勝負一般。雖然客人們因為生病或受傷而去造訪醫院這點是相同的，但大家的狀況和環境卻各有不同。

身為藥師，我得觀察那份感受，思考自己能做到的事情並付諸行動，過著非常忙碌的日子。

「如果那個時候兒子沒有病倒，現在也能在最前線和我一起工作的話……」

我並不是沒有這麼想過，不過就算這麼想也無濟於事。

接受眼前發生的現實，朝著前方邁進，認真奮鬥至今的漫長時光，讓我變得十分堅強。

當然，我並不是獨自背負一切。這二十五年來，我與同樣懷抱著「守護比留間藥局」信念的家人，朝著同一個方向邁進；此外，我也和對那份信念擁有相同想法而聚集在一起、值得信賴的員工們共同走了過來。這份深厚的情誼在漫長的時光中，也成為了強大、不可動搖的事物。

我的兒子過世時，孫子康二郎還是國中生，現在他已經成為了一名藥師，和我一起經營著藥局。回憶起那累積的歲月，我覺得是一段看似漫長卻又轉瞬即逝的寶貴時光。

時間會讓人變得強大、變得柔軟，還會加深情誼。時間會默默治癒人心。時間是宛如人生「良藥」一般的存在。

就算遇到困難，被後悔和痛苦折磨，依然要投入自己應盡的職責中，好好地過生活。

在周遭人的幫助下不斷累積的時間，也許能夠成為治癒受傷的人生，讓人變溫柔的「良藥」。

不斷累積的時間，
能夠治癒我們，
讓我們抵達某個里程碑。
時間是最棒的良藥。

2 擁有一點高級的事物

我很寶貝的事物，都是些經過時光刻畫的老物，比如大約一百年前的茶櫃，還有在我年幼時得獎的書法作品等等。直到現在，我仍然十分珍惜地將這些物品放在自己的房間裡。

我也保存著和孫子及已故丈夫的合照、和丈夫暢遊世界時獲得的各種傳統工藝品、讓我怦然心動的繪畫，還有生日時員工們一起寫給我的留言板。雖然數量並不多，但我會將真正想要放在身邊的事物，都擺在自己視線可及的範圍內。

雖然最近推崇不要有太多身外之物的生活，甚至出現了「斷捨離」這樣的詞語，但是我也聽說過許多高齡父母遲遲無法捨棄舊物，導致孩子們煩惱要如何處理的情況。

包含我在內，經歷過戰爭的那一代人之所以捨不得丟棄物品，大概是因為體驗過真正一無所有的時代吧。

百貨公司的包裝紙、橡皮筋、塑膠湯匙等等，只要是還能用的物品，我們都會重複使用，並且會對丟棄物品產生罪惡感。

自古以來，日本便有「萬物皆有靈」這樣的想法，人們認為所有事物都有靈魂，若是不好好珍惜就會遭天譴，而無法丟棄東西所反映的正是這種心理。

話雖如此，在東西不多、井然有序的房間裡生活，能夠讓心靈產生從容的空間，並獲得豐富的熟齡生活，這一點也是真的。年齡增長後，選擇對自己來說重要的事物，時時望著這些事物進入夢鄉……這樣的生活讓我嚮往。

此外，似乎有不少人隨著年齡漸長，越來越捨不得把錢花在自己身上。這也許是因為擔心哪天錢會不夠用吧。但是我認為，把錢用在為自己的生活增添些許有質感的事物上，能夠豐富我們的心靈。

我喜歡可以什麼事也不做、悠閒休息的安靜環境，所以時常去輕井澤旅行；在東京的話，只要一有時間，我也會在飯店裡享受悠閒的時光。「要不要稍微出個門，去吃些美味的東西？」我也時常這麼邀請兒媳公子，和她一起出門吃飯。聊些無關緊要的事、享受美食等等，其實都是十分豐富、能夠滋潤心靈的重要時光。

在我九十五歲生日時，我計畫要在輕井澤的飯店裡用餐。那一次，嫁去大阪的女兒，還有孫子和曾孫們都趕來輕井澤，幫我辦了一場生日派對。面對這出乎意料的驚喜，我感到既驚訝又開心。

像這樣能讓家人聚集起來並豐富心靈的時光，對我來說比任何事情都更重要。

不需要很奢華，擁有自己選擇的、略帶質感的事物，讓自己享受悠閒的時光。

有時候嘗試創造這樣的機會也很不錯。我認為這是豐富心靈生活的祕訣。

請在被珍貴事物圍繞、
井然有序的空間中生活。
若能捨去至今無法放下的事物，
新的人生便會就此展開。

3 要感到自豪，不要在意他人目光

「想想別人會怎麼看待你。」

從很久以前開始，父母就會像這樣教導我們要留意旁人或鄰居的看法。但是，時至今日，因為過度在意他人眼光，被他人評價牽著鼻子走，進而產生憂鬱，甚至出不了家門的人越來越多了。

從某種意義上來說，能夠選擇「不去」學校或公司，或許已經意味著「比起旁人的眼光更重視自己的感受」，但是我覺得，如果能放下來自外界的評價，會感到更輕鬆、更幸福。

對自己的工作感到自豪很重要。

我深深地懷抱著這個想法，打算全心全意做好藥師的工作；但是，這並不代表我因為年紀較長，就覺得自己很了不起。我年輕的時候，多少也懷抱著「想獲得他人肯定」的想法，不過我現在幾乎不會那麼想了。

取而代之，我每天在意的是來光顧的客人們有沒有帶著笑容回去，客人們是否因為這短暫的時光感到滿足，這間藥局是否依然是一間被人們需要的藥局。

「想獲得肯定」這般凹凸不平的想法，大概是被時間一點一滴磨去稜角後，變成一顆圓圓的石頭了。實際上，這是一種很舒服的狀態，我覺得這才是人本來該有的心態。漫長的時光，或許能讓心靈變得圓滑，讓人找回原本的樣子。

我認為，和我一樣走過漫長時光、年事已高的人們能夠做的，就是帶著「有沒有什麼我幫得上忙的地方」的心情去關心他人。這是一種真正意義上對他人有貢獻的意識。

舉一個大家都很熟悉的例子。因為孩子不願意吃藥，媽媽索性不讓孩子吃藥。孩子不喜歡吃藥，某種意義上來說是理所當然的，這種時候，大人必須想辦法讓他願意吃藥。

作為藥師，我會把藥劑換成孩子更容易服用的味道，或是減少服藥的次數，也會告訴家長藥品和什麼混在一起比較好入口，以及不能和什麼東西混在一起吃。

有時候，當我察覺到再繼續說溫和的話語也不會為客人帶來益處時，我便會稍微加強語氣告誡他們。

藥品是關乎生命的東西，而交付藥品的我們，就好像站在醫療與客人之間的守門人。因此，若真的為那個人著想，有時候必須要用強硬的話語告誡對方。

這樣的舉動，是不在意對方的眼光和評價才能做到的事情，而且就結論來看，這麼做才能確實履行藥師的職責，同時讓客人滿意地回家。

我認為，一個人自我中心很強的時候，就會在意外界的評價和眼光。

在這種狀態下，話語很容易只觸及表面，態度也會變得咄咄逼人，真正應該傳達的話語反而無法好好傳達出去；既沒有辦法去體諒對方的想法，更不用說為了對方好去斥責他。如此一來，就等於放棄了藥局本來的職責。

不要在意他人的評價。取而代之，要對能在真正意義上幫助他人這件事感到自豪。不要傾聽周遭的雜音，應該專注在每個當下，盡可能幫助眼前的人。若能做到這一點，就是一種幸福。

比起他人的評價，
更重要的是能否幫助眼前的人。
這些事情一點一滴累積下來，
最終會化為信賴。

4 珍惜生命的時間

我說過，時間是良藥。

與此同時，我也認為時間就是生命。

只要想到所有人的時間都是有限的，自然會想要好好珍惜自己與對方的時間。

尤其是隨著年紀漸長，我開始思考要如何累積幸福的時光，並且希望客人也可以去思考這件事。

來到藥局的客人有各式各樣的類型。如果是上班族，通常是請假前往醫院，經過漫長等待後接受診療，大多數人來到藥局時早已感到疲憊不堪。

在這種情況下，還得在藥局長時間等候，往往會讓人很難受。因此，藥局為了盡可能快速順暢地交付藥品，藥師們都會記得常客的長相、姓名、使用的藥物，以便馬上配藥。

另外，為了避免浪費客人的寶貴時間，我們不會讓客人默默地等待，而是會請客人到店裡的休息區聊天，或是讓客人看看電視。

因為我們是深耕於地方的藥局，所以才做得到這樣的事。在交付藥品時，我們不僅會注意藥品方面的事項，還會觀察客人的情況，直到客人走出店門為止，我們都會努力讓客人能多一點笑容。

在這樣的日子裡，我開始覺得，就結果來看，自己平時之所以能夠如此從容不迫地完成該做的事，和我總是很認真對待自己與他人的時間息息相關。

想要完成自己該做的事，首先需要好好判斷當時的情況，接著再做出決定。

接下來，優先順序也很重要，若是不知道自己今天的安排，也不清楚自己和工作夥伴的行程或各自的分工，就很容易在最後一刻驚慌失措，或是出現無法照約定時間完成的狀況。

我所說的「從容不迫」，絕對不是指懶懶散散、毫無效率的生活。正好相反，就是因為自己很清楚應該做哪些事，並且將其變成習慣，才能不被情緒左右地去完成該做的事情。

平平淡淡地度過每一天，或許是能夠非常有效地運用時間的方法。

每天早上，我都會在家確認好「今天誰是早班、誰是晚班」，接著在離家十五分鐘前叫計程車，於八點五十分抵達藥局。

最近，我深深體會到，思考每天應該做的事情，從容不迫地做好準備的時間，能夠讓我的身體和心靈一點一滴轉換到工作模式，並整理好腦中的思緒，是一段神聖的時光。

當然，我之所以能夠堅持所謂的「例行公事」這麼久，是因為我很幸運地擁有可以持續工作的環境。

有位屆齡退休的男性，因為生活步調改變而感到心情鬱悶。於是我建議他就算待在家裡也要跟還在工作時一樣，早上起床後，決定今天要做的事，然後去行動。

我認為所謂的日常習慣，就是創造出讓自己規律生活的節奏，是一種非常重要的存在。

首先要珍惜自己的時間，接著要珍惜周遭人的時間。只要這麼做，就能夠一直照著自己的步調，有條不紊地度過美好的時光。

雖然我如此確信著，但是在過了九十歲之後，我越來越能感受到每一分每一秒的重量了。

現在，我是這麼想的：

「我至今為止度過的時間，沒有一絲一毫浪費。」

年輕的時候我沒有這種想法，也有段時期總是不顧一切向前衝，不過包含那段時期在內，我覺得自己此生度過的所有時光都很值得珍惜。

今年八十八歲（二〇二〇年）的鋼琴家藤子海敏，曾經在紀錄片中這麼說：

「所謂人生，就是一趟花時間去愛自己的旅程。」

是的，正因為累積了漫長的時間，才能去原諒某些事情，也才會逐漸加深對自己的愛。

我希望把這一趟愛自己的旅程走到最後。

人生是有限的。
只要了解到無論是自己或對方的時間，
都是無可取代的生命時間，
每一天都會變成珍貴的時光。

5 自己能做的事情自己做

所謂的年齡增長，就代表自己原本能做到的一切，會一點一點地變得做不到。

隨著我們進入高齡化社會，和以前相比，現在接受看護服務的人正在大幅增加。

每當聽見客人談論看護的難處，我就會思考：有時候，是不是有些自己做得到的事情，卻被剝奪了執行的機會呢？

看護最初的目的，是輔助照護對象獨立，而不是剝奪那個人自己做事情的能力。當然，擔任看護的那一方是在工作，而且照護對象若有重度肢體障礙或認知障礙等疾病的話，也會有不能把事情交給本人自己做的情況，縱使如此，我仍然認為「自己能做的事情自己做」是最基本的。

這一點，是我在髖部骨折無法行走而接受看護服務時發現的。

當然，自己做不到的事情還是得拜託別人幫忙。不過，看護的工作除了會耗費大量體力，同時還要花大把心力，所以最好帶著謙虛的態度請對方幫忙。

有時，我會聽到高齡客人在談論家人時把「都不幫我做」掛在嘴邊。不過，正是因為請別人幫忙這件事會慢慢成為必然，我認為擁有「自己能做的事情自己做」這種意識，才是更美好的熟齡生活的祕訣。

若是把「請別人幫忙做」當成基本原則，就結果來看，無論請別人做了多少事情，自己還是會覺得不夠。先做「能讓自己獨立」的事情，接著進一步做「自己能做到」的事情，以此為前提，再去拜託別人幫忙做自己辦不到的事情。只要能做到這一點，一個人自然會產生感謝的心情；而提供幫助的一方也會產生「每個人都有做不到的事」的想法，因此更願意幫忙。

另一方面，不少人有「因為是家人，理所當然要幫自己做事」的傾向，但是無論再怎麼親密，還是要懂得禮貌與感謝。心靈的距離和生活的距離越近，越應該設下界線，「自己是自己，對方是對方」，將對方視為獨立的個體，帶著尊重的心意好好相處。我認為這一點很重要。

「榮子藥師無論家庭還是工作，都和家人待在一起，感情卻這麼好，真讓人羨慕啊。」

有時人們會這麼對我說。

當我傾聽這些人說話時，常常發現他們和家人之間的界線變得模糊不清，因此總是期待對方能夠體貼入微。

雖然我理解這種心情，但是對一個人抱有過度的期待，可能會導致試圖改變對方的舉動；如此一來，對方當然會感到厭煩，於是雙方關係就會變得緊張，甚至漸行漸遠。

即使是血脈相連的家人，彼此所經歷的人生道路都不一樣，想法和行動自然也會不同。我認為擁有這樣的意識，是健康家庭關係的基礎。

無論是家人、朋友或熟人，都要將對方視為獨立的個體來尊重。只要用「彼此都是以不同的思考方式在生活」這種角度去看待，那些過度的期待和擔心都會神奇地消失，也會變得能夠信賴對方。

這麼做的話，對方也會將你視為獨立的個體來善待，彼此的關係自然會變得更好。

不要對他人抱有過度的期待。
不要嘗試去改變對方。
這是保持人際關係圓滑的祕訣。

6 稍微放慢腳步過生活

目前，我從星期一到星期六都在藥局，從不間斷地工作。不過，喜歡旅行的我，年輕的時候每年都會請一次為期兩週的假去國外旅行。

我以前經常和丈夫到世界各地旅行，丈夫去世後，則是住在大阪的女兒帶我出去旅行。

我上一次的國外旅行，是八十多歲時去了台灣。當時，同行的還有我的孫子們，我們在夜市吃了美味的台灣料理和新奇的果凍，還看了歷史古蹟，度過了快樂的時光。那真的是一段美好的回憶。

不過在二〇一九年，我長年使用的髖關節骨折了，因此在醫院住了三、四個月。

這並不是跌倒造成的，我只是一如往常上了計程車，正要坐下來的時候，卻發現自己沒有辦法坐下。

我在感受到疼痛的瞬間，雖然覺得「啊——我又搞砸了」，但我並不認為「自己可能再也無法走路了」。不過九十幾歲的人骨折，我想無論是家人、熟人或是客人，大家應該都很擔心吧。

就這樣，我開始了出乎意料又突如其來的住院生活。當時的我再次感受到身體能夠自由活動這件事有多麼奢侈，以及擁有願意支持自己的人有多麼值得感激。

當然，藥局就算沒有我也能運作，不過住院期間我深深體會到，無論是認真協助我復健的醫生，每天都會來探望並鼓勵我的家人，或是看到我不在店裡而為我操心的許多客人們，他們的存在究竟有多麼重要。

我覺得，當一個人想到自己在為別人著想的時候，會比平常更努力。這件事情讓我意識到，人的治癒力或許不是依靠藥物，而是透過自己的能量和身旁的人引發出來的。

當時，經常來到藥局的熟客們，將他們在店裡拍攝的照片交給了我的孫子康二郎，他再把那些照片用LINE傳給了我。

身為藥師的我，平常總是負責鼓勵客人打起精神，而這一次，是客人們的聲援給了我勇氣，鼓舞了我。老實說，我曾經想過是不是該趁這個機會從藥局退休——不過，我果然還是得回店裡。

我真是這麼想的。

回到店裡後，有許多客人為我感到高興，這也讓我體會到，人就是要像這樣，每天互相為彼此著想。

雖然我現在還要繼續復健，但即使只有少量的訓練，人也能增強肌肉，我已經可以用助步器走路了。

遺憾的是，自從我骨折後就無法獨自外出了。無論是每個月都會光顧的表參道美容院，還是我最喜歡的逛街活動，現在都不能做了。

到了這個年紀，這也許是無可奈何的事。現在回想起來，我真的很慶幸年輕時總是跟隨內心「想去那裡」或「想看那片風景」的想法，隨心所欲去各種地方旅遊。

正在閱讀這本書的你，如果雙腳還走得動，身體也還健康的話，請務必去看看自己想看的風景。

最後，就算身體變得行動不便，這件事本身絕非不幸。從現在開始，盡量收集能讓那個時候的自己感到「真是幸福呢」的小事吧。

樂在其中的工作和嗜好、孩子或孫子的成長、在身旁加油打氣的人們……我想在平凡的日子當中，盡可能找到更多幸福的「種子」。

身體不便這件事，
無法決定你幸不幸福。
找得到幸福的人，
就能獲得幸福。

7 無須思考生存的意義

從我成為藥師到現在，已經有七十五年了。

我一直只專注於眼前的事物，努力地生活，不知不覺就這麼度過了漫長的時光。

被每一天的工作填滿，還有和員工們一起裝飾藥局，這樣的日常帶給我滿滿的幸福感。

另一方面，當我送藥去監獄的診療所，看到囚犯工作的身影時，我總是不自覺地思考「如此認真工作的人，究竟是犯了什麼罪呢」，並且因此感到心痛。

我能夠像這樣貫徹作為藥師的人生，都要感謝我的祖先努力存活了下來。每天看著客人們，也讓我體會到生命傳承的寶貴。

在許多受疾病所苦的人當中，有些人會很認真地思考：「自己活著的意義是什麼？到底為什麼會被生下來？」對於這一點，我每天都在想，要是我能夠在這種時刻把「每個生命的誕生都十分珍貴」這個想法傳達給對方就好了。

日本發生過戰爭。

而且，這並不是很久以前的事。

我去就讀現在的大學藥學系時，正值大東亞戰爭（又稱「太平洋戰爭」）。一九四一年末，珍珠港事件發生了，雖然藥學系的男學生可以免除徵兵檢查，但也有一些人自願參軍，最後再也沒能回來。

我們家被疏散到長野後，靠著種田自給自足，並且開了一間藥局。戰爭結束後，我們開始在東京與長野之間往返。在戰後不方便的生活中還能夠工作，對我來說沒有比這更幸運的事了。

生活在當今的每一個人，都是因為祖先在那個年代倖存下來才得以誕生，這就好比接下了生命的接力棒。雖然親身體會過戰爭的人真的變得越來越少，就算如此，生活在當今的每一個人都如同奇蹟般珍貴，這一點千真萬確。

話雖如此，一個人在飽受病痛折磨時，獨處感到孤單時，或是感覺和社會脫節時，的確不容易對生命抱持著積極的心情。

來到藥局的客人中，有些人對苦難有很強烈的感受，甚至大過於「生命很珍貴」的想法，因此經常說：「活著真的好痛苦。」

走過漫長生命時光的我，想對那些人說：「不必那麼認真思考自己生存的意義與價值。」還有：「務必尋求幫助」。

因為衰老或生病而造成他人困擾，絕對不會讓別人不幸。沒有必要因為無法幫助別人，就被「自己是個沒有價值的人」這種錯覺所折磨。

一定有人會對你的求助訊號伸出援手。所以，我希望當你感到痛苦時能去尋求幫助。

「光是你活在世上這件事，就讓我感到很高興。」

正是因為我從戰爭中倖存下來，並且活了很久，所以無論要說多少次，我都想這麼告訴因為生病等事情而找不到生存意義的人。

每個生命的誕生都彌足珍貴。
與其思考人生的意義，
不如對祖先傳承的生命心存感激，
好好活下去。

8 向子孫們展現自己生存的模樣

「和家人一起工作，關係卻還能如此融洽，真是罕見的事情呢。」

雖然有人會這麼對我說，但是對我而言，和家人一起經營藥局早已成為我的日常。

不過，若真要說為什麼事情會如此順利，我認為這是因為家族成員們各自獨立，並且對藥師的工作感到自豪，同時大家都朝著一樣的目標在前進吧。

我們一家人將藥局視為家業來打理，因此在工作時，會把像是藥師、企劃或廣宣負責人等各項職務分配得十分清楚。

而且，工作結束各自回家以後，我們都很重視獨處的時光，因此不會去干涉彼此。

俗話說「親不越禮，近有分寸」，意思是無論關係再怎麼親密，就算對方是自己的丈夫或孩子，也都有各自的個人世界，不能毫無顧忌地擅自踏入。

因此，我認為就算是家人，也不能干涉孩子或孫子的人生選擇。

打從家父創辦比留間藥局開始，我們後面幾代人都選擇走上藥師這條路。

話雖如此，我從來沒有強迫兒子和孫子成為藥師。

包括上一代在內，我們的目標都是成為重視社區的藥局。每天看著我們細心對待客人的模樣，孩子或孫子們長大後，自然會萌生「我想從事這份工作」的念頭，這件事情讓堅持工作至今的我感到驕傲。

展現自己工作的模樣。

展現工作讓自己樂在其中的模樣。

展現自己幫助他人的模樣。

如果隨時都能夠大大方方地向身旁的人展現自己生存的模樣，那就太棒了。

與其嘮嘮叨叨自己做不到的事，我認為展現出全心全意投入某件事的模樣，能夠傳達更多訊息。

默默地用背影來訴說人生，這件事可不是只有男性才能做到。

如果是上班族，父母親或許很少有機會讓孩子們見識自己工作的模樣。不過，等孩子們成長到一定的年齡，若是有機會展現自己工作的模樣和態度，我認為是一件很好的事；就算只是透過口頭分享，那也十分足夠了。

隨著年歲漸長，為了不讓子孫們認為衰老是種痛苦，請務必生氣勃勃地生活。

與其不停抱怨，讓子孫們感到困擾，不如讓他們覺得「我們家的奶奶真厲害啊」。

我想這也許就是年長者的責任吧。

與其對家人抱怨，
不如展現出生氣勃勃的模樣。
這也許就是年長者的責任吧。

9 每天早上醒來，都會有當天的「職責」

比起健康的人，來到藥局的客人多半是病人，比如接受抗癌藥物治療的人、患有精神疾病的人、洗腎的人……在這些人當中，有不少人會因為自己的疾病而煩惱不已。

「我覺得活著沒什麼意義。」

「我到底是為了什麼而活著？」

每當他們這麼說，我總會告訴他們：「如果你這麼煩惱，那就沒有必要去思考活著的意義。」

不過，我也會有煩惱。

半夜腳痛的時候，我會想：「只到今天為止了嗎？明天會不會就沒辦法下床了？」

不可思議的是，到了隔天早上，疼痛的感覺消失了，而我也順利下床了。正是因為如此，我才會認為就算思考未來、擔心未來、煩惱未來也無濟於事。

生了重病或是人生有巨大煩惱的時候，若是開始思考「今後我該怎麼生活下去」、「錢的問題要怎麼解決」，就會被不安給擊垮。在這種時候思考「我到底為什麼活在世上」這種事情，那就無法專心享受今天了，不是嗎？

如果你對未來感到不安，我認為不妨暫時把尋找生存意義這件事放在一旁，盡可能做好眼前的事情。

今天早上能夠醒來，就表示今天一定有自己該做的事情；因為還有自己的職責，所以還活在這個世上。

我每天早上一起床，都會想著「我是因為有職責在身，所以今天才會醒過來」，接著開始早晨的準備。這個舉動並不需要深入思考「人生是什麼」或「我為什麼活著」等問題。

早上起床後，就去做今天該做的事情。

隔天醒來後，又會再次意識到「啊，自己還活著」，並且努力地過好那一天。

總之，先試著享受今天吧。只要先從這一步開始做起就可以了。

人生中最重要的，並非注視過去，也不是凝望未來，而是認真看待眼前的事情。

大多數時候，自己被賦予的職責，並不是去做各式各樣的事情，而是認真去面對眼前的事情。

工作是這樣，對家人也是這樣。比起一年後的事，我更想知道自己能否對即將離開的客人說「謝謝」，或是對今天也一起生活的家人說「謝謝」。

老實說，我覺得自己所做的一切不過就是這樣而已。不過，活到了這個歲數，我確信這是有價值的。

今天也要盡全力完成被賦予的職責。

一天開始，一天結束，日復一日。

等到明天來臨，再把明天過好。

抱著這樣的想法生活，自然會覺得今天是最棒的一天。

早上醒來時，不妨先說聲「謝謝」，因為「今天」的到來，並不是理所當然。

早晨能夠醒過來，
就意味著「要把今天過好」。
對未來越是感到不安，
越要把今天過好。

尾聲

開始新的嘗試，永遠都不嫌遲

孫子康二郎在鼓勵我去挑戰金氏世界紀錄時，曾經這麼說：「我想要讓世界知道，有位藥師九十幾歲了仍在第一線服務客人。」

二〇一八年，在我九十五歲的時候，我有幸被金氏世界紀錄認證為「全球最高齡藥師」。

執筆本書也是。雖然我個人想過：「我有什麼能告訴大家的道理嗎？」不過康二郎經常在背後支持我：「因為你九十六歲了，所以很有意義啊。」「現在大家都想聽聽榮子藥師會說什麼。」

從這樣的體驗中，我產生了新的體悟：人，無論到了幾歲，都可以嘗試新的體驗和挑戰。

因為我活到了這個歲數，才能挑戰金氏世界紀錄；也是因為我到了這個年紀身體依然健康，才能執筆寫下這本書。我認為，全新的體驗能夠為身心帶來活力。

有時候，比我年輕非常多的人會說：「都這個年紀了，竟然還要我做新的嘗試。」

這種時候，我會告訴他：「你在說什麼啊？如果你從現在開始，並且持續到我這個年紀的話，你就能成為那個領域裡擁有四十年資歷的大前輩啊！」聽到我這麼說，對方通常會露出豁然開朗的表情。

現在，隨著醫療的進步，身體健康的高齡者也增加了。

許多人即使六十歲從公司退休，也還處在身強體壯的黃金時期。

有人會說，退休後的生活是「第二人生」，而這第二人生的長度，差不多等同於四十年的上班族生活，若不去嘗試新的挑戰，我認為實在太可惜了。

當然，為了做想做的事情，精力、體力、肌力都很重要，所以每天都要活動身體，還要注意飲食。

接下來，無論是「總有一天想試試看」的事情，還是「總有一天想去看看」的地方，如果能夠把這些「總有一天」全都嘗試一遍的話，那就太幸福了。

戰爭過後，有個年幼時經歷過飢餓生活的人這麼說：「小時候，鄰居家的庭院裡結了枇杷，那時我想吃得不得了！」屆齡退休後，他將後院打理得宛如果樹園一般，種滿了會結果實的樹木。我認為這也是一種實現「總有一天」的美好形式。

此外，熟齡生活是人生的獎勵時光。失聯的朋友、因吵架而疏遠的人、想見的家人和親戚等等，希望大家盡量在身體還可以活動的時候去見一見。雖然重逢需要些許勇氣，我覺得這也是退休後才能做到的挑戰。

現在這個時代，人們不會被送上戰場，因此除了死亡，其他不過都是小小的割傷和擦傷。

就算是無法自由行走的我，也有許多做得到的事情。從今以後的每一天，我想要繼續接受小小的挑戰。

二〇二〇年九月吉日　比留間榮子

高寶書版集團
gobooks.com.tw

NW 280
時間是良藥：屬於你的美好，從來不會遲到，百歲藥師從容過生活的暖心處方
時間はくすり

作　　者　比留間榮子
譯　　者　都　雪
責任編輯　林子鈺
封面設計　林政嘉
內頁排版　賴姵均
企　　劃　鍾惠鈞

發 行 人　朱凱蕾
出　　版　英屬維京群島商高寶國際有限公司台灣分公司
　　　　　Global Group Holdings, Ltd.
地　　址　台北市內湖區洲子街 88 號 3 樓
網　　址　gobooks.com.tw
電　　話　（02）27992788
電　　郵　readers@gobooks.com.tw（讀者服務部）
傳　　真　出版部（02）27990909　行銷部（02）27993088
郵政劃撥　19394552
戶　　名　英屬維京群島商高寶國際有限公司台灣分公司
發　　行　英屬維京群島商高寶國際有限公司台灣分公司
初版日期　2024 年 1 月

JIKAN WA KUSURI
BY Eiko Hiruma

國家圖書館出版品預行編目（CIP）資料

時間是良藥 / 比留間榮子著；都雪譯 . -- 初版 . -- 臺北市：英屬維京群島商高寶國際有限公司臺灣分公司，2024.01
　面；　公分 .--

譯自：時間はくすり

ISBN 978-986-506-883-7（平裝）

1.CST: 修身　2.CST: 生活指導

192.1　　112021206